# SÃO SEBASTIÃO
## Novena biográfica

Coleção Amigas e Amigos de Deus
- *Os três pastorzinhos de Fátima* – Piera Paltro
- *Santa Cecília: história e martírio* – Josep M. Domingo
- *Santa Teresa Verzeri: vida e obra* – Rosa Cassinari
- *São Roque: serviço ao próximo* – Martirià Brugada
- *São Sebastião: novena biográfica* – Pe. Campos

Pe. Campos

# SÃO SEBASTIÃO
## Novena biográfica

**Dados Internacionais de Catalogação na Publicação (CIP)**
**(Câmara Brasileira do Livro, SP, Brasil)**

Campos, José Freitas
  São Sebastião : novena biográfica. — 2. ed. — São Paulo : Paulinas,
2007. — (Coleção amigas e amigos de Deus)

  ISBN 978-85-356-0798-6

  1. Novenas. 2. Sebastião, Santo, século III I. Título. II. Série.

07-2107                                                         CDD-282.092

**Índice para catálogo sistemático:**
1. Santos : Igreja Católica : Biografia e obra   282.092

2ª edição – 2007
2ª reimpressão – 2018

Capa: *Marta Cerqueira Leite*

---

*Nenhuma parte desta obra poderá ser reproduzida ou transmitida por qualquer forma e/ou quaisquer meios (eletrônico ou mecânico, incluindo fotocópia e gravação) ou arquivada em qualquer sistema ou banco de dados sem permissão escrita da Editora. Direitos reservados.*

---

**Paulinas**

Rua Dona Inácia Uchoa, 62
04110-020 – São Paulo – SP (Brasil)
Tel.: (11) 2125-3500
http://www.paulinas.org.br
editora@paulinas.com.br
Telemarketing e SAC: 0800-7010081

© Pia Sociedade Filhas de São Paulo – São Paulo, 2001

# Introdução

Queridos irmãos e irmãs, nesta novena biográfica de são Sebastião, mártir de Cristo, temos o objetivo não só de narrar o desenrolar de sua preciosa existência, mas, principalmente, de refletirmos juntos sobre sua vida no contexto de nossos dias, buscando pontos de encontro, semelhanças, atitudes e testemunhos acontecidos entre ele e nós. Sentimo-nos alegres. Pois, juntamente conosco, mais de 350 paróquias espalhadas por este Brasil afora invocam são Sebastião como seu padroeiro e, no mesmo dia, iniciam o novenário em preparação à sua festa, celebrada, liturgicamente, no dia 20 de janeiro.

*Viva são Sebastião!*

## Primeiro Dia

# São Sebastião: um batalhador da fé

Nesta novena, procuraremos responder às perguntas: Mas quem foi mesmo são Sebastião? E ainda: O que ele tem a dizer a nós cristãos do Novo Milênio? Refletindo bem, iremos perceber que a vida deste santo poderia ter se passado ontem ou hoje mesmo, aqui, no nosso Brasil ou até em nossa comunidade. Com efeito, é uma nota característica da Igreja, em todos os tempos, ser perseguida e sofrer o martírio. Nos dias atuais esta realidade se faz presente de maneira bem acentuada. Quem decide viver a fundo a opção preferencial pelos pobres e marginalizados deve estar disposto a "perder a sua vida" por causa do Evangelho (cf. Mt 10,39).

### Vamos refletir juntos

Começando a nossa reflexão, podemos dizer que não existe católico que não tenha ouvido falar, ao menos uma vez, a respeito de são Sebastião. De fato, o nosso santo padroeiro foi um cristão que se tornou famoso por sua valentia e coragem, nos primeiros tempos da Igreja. Nasceu em Narbona, uma cidade perdida no imenso Império romano, que então dominava o mundo. Hoje ela ainda existe. Encontra-se no sul da França, que naquela época fazia parte da província das Gálias.

### Entremos na narrativa

Diz-nos a história que, quando Sebastião era ainda bem pequeno, sua família mudou-se para a cidade de Milão, bem mais próxima de Roma, que era a capital do Império. Ali morreu seu pai, ficando o menino entregue aos cuidados maternos. A sua mãe era cristã, e isso não era tão comum naquela época, lá pelo ano 284 d.C. Os cristãos eram perseguidos como inimigos do Estado pelo fato de não adorarem aos deuses pagãos. Todos os que adotassem essa nova religião, eram aprisionados e tinham seus bens confiscados.

Daí, então, a mãe de Sebastião, sendo cristã, transmitiu ao filho o dom da fé em Cristo. Fé viva e verdadeira que nos compromete em tudo e sempre. Assim começa a história de um santo, início de uma vida como a de qualquer pessoa, semelhante a nossa.

## De onde vêm os santos? O que é um santo para você?

Mesmo que alguém tenha pais cristãos para transmitir a fé em Cristo, mesmo que você tenha estudado em colégios católicos onde lhe ensinaram as coisas mais santas, saiba que o santo não nasce feito. Mesmo que os pais coloquem em primeiro lugar o zelo pela fé, o cultivo das virtudes domésticas, o sentido da vida à luz do Evangelho e, em segundo lugar, a preocupação com diplomas, com uma boa colocação na vida, com um vantajoso casamento, o santo não nasce santo.

Você já percebeu quantos filhos de "gente boa", de bons cristãos, vivem indiferentes a tudo e a todos? Não basta gloriar-se de ser filho de pais católicos, mas cada qual deve cultivar a semente da fé independentemente deles. Uma coisa é certa: todos buscam a felicidade, todos buscam o sucesso, todos buscam a tranqüilidade, a harmonia e a paz.

De fato, o homem foi criado para ser feliz já neste mundo, para amar e se sentir amado. Foi criado por Deus e, por conseguinte, a recusa a Deus criador e a recusa ao amor nunca poderão fazer alguém feliz. Viverá sempre na frustração, na falsidade, na mentira... O homem, longe de Deus, caminhará sempre mascarado. Descontente e aflito...

Sebastião aprendeu bem cedo, com sua mãe, o segredo de cultivar no coração o amor a Deus, que se manifesta, neste mundo, na pessoa de Jesus Cristo. Sebastião é cristão verdadeiro e verdadeiro amigo de Jesus. À medida que vai crescendo e se tornando jovem, esta amizade com Jesus também cresce em seu coração. Aos poucos vai conhecendo os segredos do Amigo e revelando os seus segredos a Ele. Assim, Sebastião começa a se tornar santo: autêntico consigo mesmo, autêntico com Deus e com os outros. Poderíamos deduzir, então, que "o santo é um homem autêntico"!

À luz desta afirmação, ser santo é simples e, ao mesmo tempo, não é nada fácil. Olhando os numerosos santos canonizados ou não pela Igreja — há muitos que vivem anonimamente por aí — você saberá agora que não é mais correto dizer: "Isto é para quem é santo"... "Não sou santo para fazer isto"... Não seria confessar a nossa falsidade, a nossa mentira e a nossa covardia?

Ao fazer estas afirmações, você não estaria fugindo da verdade sobre você mesmo, sobre seu próximo e sobre Deus?

Alguém definiu o santo como um amigo íntimo de Deus. Mas nós, à luz da atitude coerente do soldado Sebastião, preferimos dizer que o santo é o homem incansável na busca da autenticidade. *Um batalhador da fé* e um apaixonado pelo Evangelho de ontem, de hoje e de sempre, Palavra viva do Deus vivo.

## Perguntas para debater em grupos

1) Você acha que vale a pena buscar a autenticidade nos dias atuais? Por quê?

2) A santidade é possível de ser alcançada hoje? Como? De que maneira? Explique com exemplos de sua vida ou de outras pessoas.

## Introdução às preces

*Presidente da novena*

Peçamos a Deus, pela intercessão do glorioso mártir são Sebastião, para que a nossa fé seja robustecida e atuante. Que tenhamos a coragem de professá-la, sem respeito humano, em todas as circunstâncias da nossa vida e jamais renegá-la por qualquer que seja a razão.

## Pedidos espontâneos

Conforme o Espírito Santo inspirar a cada um dos participantes.

## Rezemos juntos

*Presidente e assembléia*

OREMOS: Ó glorioso mártir são Sebastião,/ que com tanta fidelidade/ correspondestes à graça/ que o Filho de Deus vos concedeu,/ e com tanta prontidão/ vos tornastes/ heróico luminar da fé católica,/ intercedei por nós/ para que, imitando/ o exemplo de vossa vida,/ nos tornemos autênticos cristãos!/ Por Cristo, nosso Senhor./ Amém.

## Pai-nosso e ave-maria

## Bênção e canto final

## Segundo dia

# A perseguição: ontem e hoje

Como vimos anteriormente, faz muito tempo que Sebastião viveu, tantos séculos atrás, no alvorecer da era cristã. Agora você estará se perguntando: "Que lição, que novidade este santo tão antigo poderá mostrar-me?" Como a história nos ensina, o ser humano é uma mistura do antigo e do novo. Na vida de Sebastião, você poderá perceber coisas antigas, a saber: a busca do bem, a tal vontade de amar, as lutas para conseguir a felicidade, os fracassos etc. E coisas que serão sempre novas, como: a força misteriosa que o levou ao bem, o amor profundo que o cativou, a fidelidade total com a qual ele enfrentou o fracasso, as tantas mortes e outras coisas mais...

Falar de santidade nos dias atuais, em certo sentido, parece ousadia, traição à pós-modernidade, ao progresso científico do mundo. Uns atribuem isso à descristianização e à secularização. Na verdade, o que se percebe, hoje, é uma enorme sede e fome de santidade latente no coração do homem e da mulher, na sociedade moderna ou até mesmo pós-moderna.

Falar particularmente de santos, hoje, é como elogiar comidas e bebidas deliciosas num deserto: irrita toda a caravana! O mistério da santidade, a sede de ser santo e a perseguição à felicidade impõem-se a todos como um grande dilema.

No mundo atual, as pessoas correm o risco de absolutizar o dinheiro, a sede do ter, do poder e do prazer. Correm o risco de se deixarem escravizar pelas falsas aparências que a sociedade de consumo apresenta... No entanto, estas mesmas criaturas são capazes de manifestar entusiasmo pelo bem, pela justiça, pela verdade. Ficam atentas quando podem apreciar alguém que dá a vida para salvar os companheiros. Ficam admiradas quando podem descobrir, em certas pessoas, a capacidade de ser leais consigo mesmas, com os outros e com Deus.

No fundo, não é isto que acontece comigo, com você, com todos nós? Uma coisa é certa: o ser humano não pode viver sem valores. Quando não reconhece os valores verdadeiros, tem necessidade de criar outros novos: embora sejam valores falsos... valores efêmeros... valores sem nenhum valor...

O que vêm a ser todos esses falsos valores? São coisas que não nos dão a felicidade almejada, mas somente a ilusão de a possuir. É aqui que Sebastião pode nos ensinar muitas lições! Ele acostumou-se, desde pequeno, a adorar ao único Deus, encarnado em Jesus Cristo. Assim, começou a ser autêntico, a não ser falso e não ter segurança ilusória.

Santidade não consiste em fazer o impossível, nem realizar milagres a toda hora, nem mesmo cumprir à risca certas normas fixas. Santidade consiste, fundamentalmente, na busca constante, persistente, incessante e tenaz de nossa verdadeira identidade. A santidade, enfim, é uma aventura, aliás, a única aventura que merece ser vivida, provada, experimentada por todos nós.

Sebastião sabia muito bem que ser cristão era uma aventura das mais perigosas. Sabia também que corria riscos a cada momento, mas continuava firme na sua fé cristã.

## Vamos refletir juntos

Irmãs e irmãos: a história não se repete, mas os fatos e os acontecimentos de ontem se assemelham aos de hoje. Roma era um grande Estado, tinha leis próprias, era forte e fazia guerras para subjugar os inimigos. Mantinha tudo sob controle. Tinha também uma religião oficial que cultuava vários deuses pagãos. Tendo sido levada ao poder, ao orgulho e à sensualidade, contaminava, assim, todos os escalões da sociedade.

O mundo gira, os tempos passam, mudam os cenários e os atores, mas o conteúdo permanece o mesmo:

o ser humano longe do Deus vivo e verdadeiro, torna-se idólatra, degrada-se, embrutece-se!

Hoje, também, por incrível que pareça, somos uma geração muito semelhante à dos romanos: não é o dinheiro que adoramos? Não é o poder e o ter que buscamos? O mal fundamental é o egoísmo que nos mantém acorrentados. De fato, à medida que nos afastamos de Deus e das suas leis sensatas, nos tornamos escravos das paixões e dos nossos caprichos pessoais.

Sebastião compreendeu tudo isso ainda em sua juventude e, por conseguinte, procurou não se deixar prender por essas cadeias que acabam escravizando a maioria dos jovens em todos os tempos e lugares.

### Entremos na narrativa

Por causa de sua vida em conflito, como a dos demais, em Roma, os cristãos começaram a ser perseguidos e Sebastião que estava vivendo na cidade de Milão tomou uma decisão importante: iria para Roma e tentaria ajudar os cristãos de lá, confiando na sua fé e no prestígio de que gozava como soldado fiel e corajoso a serviço do imperador.

Agora é que começa a segunda parte da vida do jovem oficial do Império. Estamos no ano 303. Desde o ano 63, quando Nero era imperador romano, os cristãos foram quase ininterruptamente perseguidos. De tempos em tempos, um imperador declarava o extermínio sumário dos cristãos. Cada um deles decretava uma perseguição mais feroz do que a outra. A perseguição a que nos referimos iniciou-se, precisamente, no dia 23 de fevereiro do ano de 303 e foi ordenada pelo imperador Diocleciano, com o seguinte decreto:

"Sejam invadidas e demolidas todas as igrejas! Sejam aprisionados todos os cristãos! Corte-se a cabeça de quem se reunir para celebrar o culto! Sejam torturados os suspeitos de serem cristãos! Queimem-se os livros sagrados em praça pública! Os bens da Igreja sejam confiscados e vendidos em leilão!"

Por três anos e meio correu muito sangue e não houve paz para os inocentes cristãos que habitavam os quatro cantos do Império romano.

## Perguntas para debater em grupos

1) Existe, ainda hoje, perseguição à Igreja? De que modo? Por que ela continua a ser uma Igreja perseguida de profetas e mártires?

2) De que modo os cristãos reagem a estas perseguições? Conte fatos onde aparece o testemunho de uma Igreja maternal e fiel a Jesus Cristo.

## Introdução às preces
*Presidente da novena*

Pela intercessão de são Sebastião, peçamos paciência para os que sofrem, coragem para os que lutam e perseverança para todos nós, para sermos sempre fiéis testemunhas da caridade fraterna e da fé inabalável em Cristo Jesus!

## Pedidos espontâneos

Conforme o Espírito Santo inspirar a cada um dos participantes.

## Rezemos juntos
*Presidente e assembléia*

OREMOS: Glorioso são Sebastião,/ animado por uma fé viva/ e caridade ardente,/ desde os primeiros anos de vida,/ fostes consagrado,/ de todo o coração, / ao serviço do Reino./ Compadecei-vos de nós/ e dai-nos a graça/ de vivermos, sempre,/ como verdadeiros imitadores/ do Filho de Deus./ Por Cristo, nosso Senhor. Amém.

## Pai-nosso e ave-maria

## Bênção e canto final

## Terceiro dia

# Sebastião: testemunha de amor

Anteriormente, discutimos a pergunta: "Por que a perseguição?" Agora vamos aprofundá-la um pouco. Jesus disse que são felizes os perseguidos por causa do Evangelho (Mt 5). Como se vê, o anúncio e a vivência do Evangelho encerram em si uma força transformadora e um germe de libertação. A Igreja entra, assim, em choque com a mentalidade e os ídolos pagãos. Egoísmo e amor são valores e contra valores que se opõem entre si, como a verdade à mentira. O confronto direto era, portanto, inevitável.

A Igreja, por sua vez, nunca procurou inimigos, mas ela questiona a sociedade e denuncia o egoísmo, a exploração do homem pelo homem, os ídolos e os falsos valores. Por isso, ela acaba sendo perseguida, por não adorar ídolos criados pelo próprio homem. A Igreja procura dar, tão-somente, *testemunho* de sua mensagem e usar sua palavra profética de anúncio e de denúncia.

## Vamos refletir juntos

Nos primeiros séculos do cristianismo, os fiéis cristãos eram considerados simplesmente uma seita judaica, mas, com o caminhar dos tempos, passaram a ser perseguidos como hereges, destruidores da tradição, blasfemadores e revolucionários. O Império romano tinha sua religião centralizada na adoração do Estado, personificado e divinizado na pessoa do imperador, que deveria ser adorado como Deus.

Mesmo não querendo ser agressivos, fanáticos, diferentes, os cristãos acabavam sendo incômodos. Suas vidas fundamentavam-se em valores que contestavam o modo de ser e viver da sociedade romana. Dentre esses valores, três eram fundamentais. Vejamos a seguir:

1º – O respeito incondicional aos homens e às mulheres como filhos e filhas de Deus e irmãos entre os irmãos. À luz deste princípio, muitos libertavam seus escravos após se tornarem cristãos e isto era abominável, pois a escravidão, mão-de-obra explorada, era justamente um dos pilares da economia do Império. E a Igreja, por causa disso, não se cansou nem se cansará jamais de proclamar os direitos fundamentais da pessoa humana e ouvir o grito dos excluídos, dos injustiçados.

2º – A universalidade da salvação, destinada a todos os homens e mulheres sem distinção de raça ou condição social. O Deus da nossa fé, com efeito, não é um ser longínquo, que contempla com indiferença a sorte dos homens, os seus afãs, as suas lutas e angústias. Ele é um Pai que ama, realmente, todos os seus filhos e filhas.

3º – O culto ao Deus uno e trino, revelado em Jesus Cristo. Esta atitude implicava na total rejeição de adorar e ter o imperador como encarnação da divindade do Estado. Isto, porém, era considerado traição, crime e subversão à ordem. Eis aqui a explicação da perseguição: os cristãos rejeitavam frontalmente os falsos valores.

### Perguntas para debater em grupos

1) Você acha que a Igreja de hoje ainda incomoda? Se os cristãos incomodam, não é porque continuam a lutar por estes valores fundamentais da fé, encarnados no Evangelho? O que acha seu grupo?

2) Você daria a vida por Aquele em quem você acredita? Há pessoas que nos dias atuais são capazes deste gesto? Em que contexto?

### Entremos na narrativa

O soldado Sebastião adotou esta maneira de viver e se transferiu de Milão para Roma a fim de oferecer seus préstimos e, se necessário fosse, dar a própria vida por causa de Cristo. Sendo um cristão fervoroso queria, pois, transmitir aos outros a sua fé, obedecendo ao forte espírito missionário que o impelia. De fato, ser cristão é, essencialmente, ser missionário. E como precisamos compreender bem isto.

É de missionários e missionárias que a Igreja precisa tanto hoje. Pessoas que não se contentem apenas em guardar o tesouro da fé mas que estejam dispostas a condividir, repartir, distribuir e passar adiante este tesouro incomparável.

Fiel a este propósito, Sebastião alistou-se no exército imperial e decidiu ir a Roma, pronto a dar testemunho de Cristo, mesmo que para isso fosse preciso derramar seu sangue como tantos outros já o tinham feito. Para isso, manteve-se discreto a respeito de sua fé. Assim, não encontrou dificuldades, uma vez que contava com excelentes dotes físicos, além de possuir muitos dons espirituais.

Mais que um soldado do imperador, era soldado de Cristo, a serviço dos irmãos e irmãs na fé. Além disso, seu trabalho honesto, desempenhado com amor, dignificava-o, tornando-o benquisto por todas as pessoas que com ele conviviam.

Sebastião, enfim, tinha um grande ideal e por este ideal estava pronto a dar tudo de si, de maneira irredutível e radical. Numa atitude verdadeiramente evangélica.

Que bom seria se todos nós resolvêssemos ser "idealistas"...! O idealismo sadio não é defeito, muito pelo contrário, é um valor a ser cultivado, especialmente, por nós católicos, nós cristãos.

E é por causa desse idealismo alicerçado na virtude da esperança cristã, que a Igreja e seus adeptos são perseguidos. Aliás, o mesmo Cristo proclamou bem alto: "Felizes sois vós, quando vos injuriarem e perseguirem e, mentindo, disserem todo mal contra vós por causa de mim!" (Mt 5,11).

Assim, Cristo é o primeiro a nos libertar de todo o medo de assumir o compromisso com o seu Evangelho. Uma situação indesejada e vista pelo mundo como uma desgraça pode se tornar, na ótica de Cristo, um valor salutar. Lendo atentamente o Evangelho, descobrimos que o próprio Jesus escolheu este caminho para realizar sua missão salvífica.

Se Ele assim sofreu, seus verdadeiros seguidores também devem trilhar o mesmo caminho. A Igreja, com suas comunidades cristãs, extensão e prolongamento de Jesus na história, tem o mesmo destino de seu Divino Mestre.

## Introdução às preces

*Presidente da novena*

Vendo em são Sebastião o grande modelo de coragem e destemor, peçamos, por sua intercessão, este mesmo dom. Disponhamo-nos também a imitá-lo nos momentos difíceis em que nossa fé for provada e nosso compromisso cristão exigir um gesto mais concreto e destemido de justiça e solidariedade.

## Pedidos espontâneos

Conforme o Espírito Santo inspirar a cada um dos participantes.

## Rezemos juntos

*Presidente e assembléia*

OREMOS: Ó Glorioso são Sebastião,/ que em toda a vossa vida/ vos mostrastes,/ verdadeiramente,/ filho da Igreja de Cristo,/ pela prática fiel dos mandamentos,/ dai-nos a graça/ de sermos cristãos autênticos,/ de nome e de fato,/ mediante uma vida exemplar e fervorosa!/ Por Cristo, nosso Senhor/ Amém.

## Pai-nosso e ave-maria

## Bênção e canto final

## Quarto dia

# *Uma fé solidária*

𝒫restando a devida atenção, continuemos as nossas considerações sobre a vida do nosso padroeiro. Sebastião, logo que chegou a Roma, foi promovido a oficial. O imperador, cativado pela fibra e personalidade desse jovem soldado, nomeou-o comandante dos pretorianos, seus guardas-pessoais.

Um alto cargo, sem dúvida. Cargo de confiança e de influência. No exercício deste ofício, porém, Sebastião estava exposto aos perigos da corte. Sua vida, talvez, não corresse perigo, mas sua fé poderia ser abalada e suas convicções transformadas.

A corte era um resumo de todos os vícios e depravações existentes no Império. O próprio imperador Diocleciano, filho de escravos, conseguiu o poder à custa de assassinatos. Era de uma avareza que se tornou proverbial. Haja vista a cobrança dos tributos que, explorando o povo, levou-o em pouco tempo à extrema miséria.

Nesta vida, dois são os caminhos a seguir e que conduzem a lugares diferentes: existem caminhos fáceis, largos... que levam à perdição e existem caminhos ásperos, estreitos, íngremes... que levam à salvação.

Podemos imaginar a quantos perigos a fé de Sebastião esteve exposta. Não é só de hoje que costumamos dizer: "O mundo está perdido!"

Para o cristão, qualquer tempo é tempo de provação e de tentação. Em todo tempo, porém, é preciso perseverança na virtude da fé.

De fato, é na hora da provação que a verdade aparece transparente. É nas dificuldades que se prova até onde vai a nossa fé, em que medida somos capazes de entregar a vida por alguém. O viver a fundo o Evangelho é ter a coragem de oferecer a própria vida, se isso for exigido.

## Vamos refletir juntos

Durante esse tempo de perseguição, Sebastião trabalhava na corte. Ocultava com muito cuidado sua fé cristã, não com medo de morrer, mas para cumprir melhor seu papel: encorajar seus irmãos e irmãs na fé e na perseverança, especialmente, os mais tímidos e vacilantes, merecendo, com isso, o título de "auxiliador dos cristãos".

Assim sendo, muitos cristãos aprisionados e temerosos de sua morte, após ouvirem Sebastião, sentiam-se revigorados e destemidos, prontos a enfrentar a tortura e a morte por amor a Cristo. Não mais os amedrontava o cárcere e a crueldade nos suplícios.

Entretanto, havia uma razão para explicar a força que sustentava os cristãos em suas provações e essa força era: o amor, seguido do desprendimento, a fé e a esperança em Cristo ressuscitado.

Diante de tudo o que já foi dito, vamos analisar, atentamente, o significado destas palavras:

1) O AMOR: É a maneira como vivemos, colocando nossa vida a serviço dos irmãos e irmãs. É o esvaziamento total de nós mesmos para nos preenchermos unicamente de Deus. Amar assim é fazer da nossa felicidade a felicidade do outro. E neste sentido o amor é a fé posta em prática. Com efeito, a alegria do cristão deve consistir em fazer o outro feliz, porque só assim encontraremos a verdadeira felicidade.

2) O DESPRENDIMENTO: É algo que nos ajuda a assumir livremente o sacrifício. Aquele que verdadeiramente acredita possui uma liberdade interior que ninguém consegue vencer. A morte seria um benefício para ele. Porque o levaria mais rápido a Deus.

3) A FÉ: É o ponto nevrálgico para se compreender a atitude cristã frente às provações. Sem ela, tudo pareceria loucura! A fé é a firme determinação e a convicção da verdade contida no Evangelho. Por isso, a resistência no martírio não era questão de resistência física, como se poderia imaginar, mas era questão de convicção. Permanecer firme na fé era permanecer fiel ao amigo-amado. Renegar a fé, era renegar o Amigo Jesus Cristo.

4) A ESPERANÇA: Completa e prolonga a fé. Cultivamos a esperança, acreditamos no mundo novo que já está vindo desde a ressurreição de Jesus, e que se torna pleno no Reino do Pai, onde não existirá mais nem morte, nem luto, nem dor, nem gemido, mas a total e eterna alegria.

Enfim, a mística do testemunho está ligada à certeza da ressurreição de Cristo, que se torna garantia da vitória definitiva sobre os sofrimentos e sobre a própria morte.

Ontem como hoje, há também os que não suportam a provação e a tentação, "virando a casaca" com a maior facilidade e se revoltando contra Deus e os irmãos e irmãs. A Igreja primitiva não era assim. Era uma Igreja corajosa no acreditar, uma Igreja profundamente comprometida e fiel a sua missão, a sua vocação missionária e evangelizadora.

### Entremos na narrativa

E, hoje, o que predomina no coração dos cristãos? A coragem ou o medo? A fé ou a descrença? A revolta ou a aceitação? O compromisso sério ou o "deixa pra lá"? O engajamento ou a desculpa?

É isso mesmo que acontece conosco. A maior parte de nossos fracassos são conseqüências de nossas indenizações perante muitas mãos, mil falsos amigos que nos querem puxar para trás, acusando-nos de insensibilidade e de desamor para com os filhos, familiares e amigos... No início da Igreja não era assim...

Sebastião sabia perfeitamente de tudo isso e por esse motivo passava de cárcere em cárcere, visitando e animando os irmãos a se manterem firmes na fé, mostrando que na vida os sofrimentos são passageiros e que o prêmio reservado aos perseverantes na fé é eterno.

Mas alguém perguntará: O que é a fé? Quem a possui? Quem são os homens e mulheres de fé? Existe ainda a fé? A carta aos Hebreus responde a estas perguntas assim: "A fé é a certeza daquilo que ainda se espera, a demonstração de realidades que não se vêem" (Hb 11,1).

Podemos dizer não somente que a fé é um dom de Deus, como também uma opção pessoal que leva o cristão a colocar Cristo como o valor supremo a acolher na vida. Nesta perspectiva, todo conforto, toda realização pessoal, todas as riquezas, todo tipo de amor cedem lugar ao único e verdadeiro amor.

São Sebastião pode, assim, ser considerado padroeiro de tantos quantos são, hoje, injustamente perseguidos, principalmente, por causa do seu compromisso com Jesus Cristo e com o povo sofrido, explorado, excluído e marginalizado, vítima da guerra, da fome e das doenças.

## Perguntas para debater em grupos

1) Que atitudes de fé são mais comuns entre nós cristãos hoje? Que tipo de cristãos nós somos ou devemos ser?

2) O que você diria a uma pessoa que está em crise de fé? Que conselho você daria? Conhece alguém que já passou por essa situação? Como superou o problema?

## Introdução às preces

*Presidente da novena*

Peçamos, irmãos e irmãs, para que cessem as injustiças e as guerras no mundo, e que Deus olhe com benevolência para todos os que são vítimas de absurdas perseguições, violência e morticínio em campo de batalha.

## Pedidos espontâneos

Conforme o Espírito Santo inspirar a cada um dos participantes.

## Rezemos juntos

*Presidente e assembléia*

OREMOS: Ó glorioso são Sebastião,/ que soubestes conciliar a vida militar/ com as normas evangélicas,/ praticadas fielmente sem respeito humano,/ mas com os olhos fitos somente em Deus,/ intercedei por nós,/ ó santo padroeiro,/ para que, desprezando o vão temor do mundo,/ guardemos fielmente as promessas/ que juramos no dia do nosso Batismo!/ Por Cristo, nosso Senhor./ Amém.

## Pai-nosso e ave-maria

## Bênção e canto final

QUINTO DIA

## *Sebastião: soldado e irmão*

Sebastião visitava freqüentemente as prisões. Sendo chefe da guarda imperial, tinha livre acesso a entradas e saídas sem maiores complicações. E muitos dos que ouviam suas palavras se convertiam. Foi numa dessas visitas a presos que o carcereiro e a mulher dele, Zoé, alguns parentes dos presos e demais funcionários da prisão tiveram a oportunidade de ouvir as convincentes palavras de Sebastião.

Hoje, torna-se difícil acreditar em milagres, mas, apesar disso, eles existem. Conta-se que enquanto Sebastião falava, Zoé, que era muda, começou a falar. Diante desse fato, o carcereiro e todos os presentes ficaram maravilhados, e logo se dispuseram a aceitar a fé cristã, professada por Sebastião. Os cristãos estavam presos, mas não a Palavra de Deus. A Palavra do Senhor, de fato, não está acorrentada. Ela é Caminho, Verdade e Vida para todos nós!

O caminho do cárcere era escuro, mas o cristão o alumiava com a sua fé; o lugar era frio, mas ele o aquecia com suas preces fervorosas e cantos inspirados. Apesar das correntes, estava, pelo poder de Deus, livre para Ele. Na pressão, esperava a sentença de um juiz, contudo sabia que estava com Deus e Ele julgaria os mesmos juízes.

Voltando aos milagres, sabemos que o maior deles não é a cura de uma doença: esta cura corrige um defeito físico. Mas o milagre maior é o da mudança das consciências, da mentalidade, o que na linguagem cristã chama-se "conversão". Enquanto o poder do homem vai somente até à porta da morte e depois termina, o poder de Deus ultrapassa a barreira da morte. Portanto, a conversão não é o resultado de alguns momentos de fervor, mas é tarefa, é luta que dura a vida inteira.

Certamente, já ouvimos muita gente dizer, e talvez até nós mesmos digamos, com ares de satisfação, esperando tranqüilidade: "Já me converti! Fulano precisa se converter! Quando ele vai se converter...?" Não seria melhor perguntar: "Eu estou me convertendo...?"

É isso mesmo! A conversão tem seu momento inicial, um ponto de partida, mas prossegue até chegarmos num estágio tal em que já não somos nós que vivemos, mas é Cristo que vive em nós (cf. Gl 2,20). Ele se apossa de nosso ser e, com nosso consentimento, age no mundo por nosso intermédio.

Portanto, ser cristão significa travar uma luta contínua contra o egoísmo, contra o orgulho, lutar para testemunharmos o amor no mundo em que se fomenta o ódio: lutar para proclamarmos a verdade e a justiça. Num mundo onde a mentira se fantasia de verdade para poder se impor a todos.

Mas enquanto alguns resolvem iniciar seu processo de conversão, outros continuam tramando o mal. De fato, a perseguição sistemática do imperador Diocleciano torna-se cada vez mais violenta, exigindo dos cristãos muita coragem e heroísmo.

### Entremos na narrativa

Aqui acontece um fato que vem amenizar a vida dos perseguidos. O prefeito da cidade de Roma, Cromáceo, convertido ao cristianismo, demitiu-se do cargo e começou a reunir, ocultamente, em sua casa, os recém-convertidos e, desta forma, estes não eram molestados. Ele sabia que muitos não resistiriam ao martírio, caso fossem presos. Então sugeriu que todos aqueles que não se sentiam suficientemente fortes fossem com ele para a sua fazenda longe de Roma. Ali estariam protegidos da feroz perseguição. Seguiam, assim, o que Jesus havia sugerido no Evangelho: "Quando vos perseguirem numa cidade, fugi para outra!" (Mt 10,23).

O bispo de Roma deu a permissão, frisando que Deus ofereceu duas maneiras para nos tornarmos fiéis: os que testemunham a fé com o martírio, dando suas vidas, e os confessores, que embora se declarando cristãos e vivendo como tais, não sofreram o martírio. Aqui percebemos que os cristãos não eram suicidas e nem formavam um esquadrão suicida de fanáticos, como alguém poderia insinuar, mas eram tão-somente pessoas coerentes com sua fé.

A Igreja, por causa dos longos períodos de perseguição, foi se organizando, treinando seus fiéis para resistir a todas as adversidades, da melhor maneira possível. Havia até mesmo uma "caixa" de socorro mútuo, sustentada por coletas feitas entre os adeptos e que servia para subornar os guardas dos cárceres a fim de permitir visitas aos presos. Realmente, era uma Igreja profundamente solidária, criativa e fortemente unida.

Aos cristãos que se preparavam para o batismo eram ministradas instruções sobre o martírio. Não deviam abandonar a fé porque os opressores os detestavam. Como também, não deviam se expor, inutilmente, nem provocar conflitos. Mas uma coisa é clara: a Igreja recobra sua firmeza e sua coragem quando é acusada, caluniada e perseguida...

Ao ouvir isto, parece-nos estranho o sentimento dos cristãos. Seria essa vontade de sofrer um sentimento doentio, maníaco, masoquista? Não! Porque aquilo que atrai os cristãos é o sofrimento por alguém que se ama. É a vontade de demonstrar quanto se ama este alguém e se morre por ele, se for preciso. E esse alguém é Jesus Cristo! Não foi Ele mesmo quem disse que não há amor maior do que dar a própria vida pelo amigo? (cf. Jo 15,13).

### Vamos refletir juntos

Também hoje existem mártires autênticos que derramam seu sangue por Cristo na pessoa dos irmãos e irmãs: mártires da fé, mártires da não-violência, mártires da liberdade, mártires da terra, mártires do subemprego, mártires da fome, mártires das injustiças sociais, mártires do egoísmo humano...

Como existem confessores da fé que caminham ao nosso lado e vão morrendo todos os dias e durante toda a vida: mártires do silêncio, da prisão, do descrédito, da tortura, da suspeita, da desconfiança, da incompreensão, do desprezo, da difamação, da calúnia, da falsidade, da traição.

O segredo de todos esses cristãos é a descoberta do sentido último, pelo qual vale a pena abandonar tudo, dar tudo, até a vida, se for o caso!

## Perguntas para debater em grupos

1) Que ação solidária existe em nossas comunidades, em favor dos perseguidos? E a Pastoral Carcerária, como anda? Há uma preocupação por parte dos grupos, movimentos e da comunidade com a situação dos presídios em nosso país?

2) Como podemos organizar melhor este serviço? Dê sugestões bem concretas.

## Introdução às preces

*Presidente da novena*

Invoquemos a são Sebastião, que experimentou este impacto da violência brutal, para que nos proteja. Para que por seu poder intercessor livre nossas famílias, casas, vidas e cidades do perigo de agressões violentas.

Que nos ajude a conservar sempre viva a nossa fé católica e que alcancemos de Deus, para os criminosos e os violentos, o perdão e a conversão dos corações.

## Pedidos espontâneos

Conforme o Espírito Santo inspirar a cada um dos participantes.

**Rezemos juntos**

*Presidente e assembléia*

OREMOS: Ó glorioso são Sebastião / que apesar do luxo e dos atrativos/ da corte imperial da Roma pagã,/ conservastes ilibada/ a pureza dos costumes,/ dai-nos, ó querido padroeiro,/ a força e a energia/ para que também nós,/ no meio de tantas seduções,/ possamos sempre/ conservar esta santa virtude!/ Por Cristo, nosso Senhor./ Amém.

**Pai-nosso e ave-maria**

**Bênção e canto final**

## Sexto dia

# Comunhão e participação

Dissemos anteriormente que um grupo de cristãos de Roma, com medo de ser vencido pelas torturas, retirou-se para a fazenda de Cromáceo. Os que ficaram na cidade, no entanto, reuniram-se com o bispo de Roma, o papa Fabiano, que ordenou presbítero o diácono Tranquilino e conferiu o subdiaconato a Sebastião, que assim passou a fazer parte dos ministros da Igreja.

Com esta atitude, Sebastião ensinava e ensina, ainda hoje, a participar ativamente da vida da comunidade eclesial. Acabou-se o tempo em que ser cristão era "assistir" à missa, acompanhar a Semana Santa, ir ao batismo ou fazer-se presente à procissão da Sexta-feira Santa ou do santo padroeiro... O Documento de Puebla é claro quando afirma: "Deus chama todos os homens e cada homem à fé, a incorporar-se no povo de Deus, mediante o batismo. Este chamamento pelo batismo, confirmação e Eucaristia para sermos povo seu, chama-se COMUNHÃO e PARTICIPAÇÃO na missão e na vida da Igreja e, portanto, na evangelização do mundo" (DP, n. 666).

Esta passagem na vida de Sebastião e seu engajamento na vida ministerial da Igreja nos obriga a uma reflexão sobre a mesma Igreja, fazendo as seguintes perguntas: O que é a Igreja? Para que existe a Igreja? Quem a fundou? Qual é o papel da Igreja hoje?

Para responder a estas perguntas, precisamos partir de um ponto fundamental, como escreve são João: "Deus é amor!" E o mesmo apóstolo explica: "Quem não ama, não chegou a conhecer Deus, pois Deus é amor. Foi assim que o amor de Deus se manifestou entre nós: Deus enviou o seu Filho único ao mundo, para que tenhamos a vida por meio dele. Nisto consiste o amor: não fomos nós que amamos a Deus, mas foi ele que nos amou e enviou o seu Filho como oferenda de expiação pelos nossos pecados" (1Jo 4,8-10).

## Entremos na narrativa

O Pontífice Jesus Cristo veio fazer a ponte entre nós e Deus, ensinando-nos o verdadeiro Caminho, a Verdade e a Vida. E, para concretizar tudo isso, Cristo reuniu ao seu redor um grupo de pessoas escolhidas a dedo diretamente por Ele e, antes de subir ao céu, confiou-lhes a missão de continuar sua obra salvadora. No Evangelho de Mateus, temos:

*Jesus se aproximou deles e disse: "Foi-me dada toda a autoridade no céu e na terra. Ide, pois, fazer discípulos entre todas as nações, e batizai-os em nome do Pai, do Filho e do Espírito Santo.*
*Ensinai-lhes a observar tudo o que vos tenho ordenado. Eis que estou convosco todos os dias, até o fim dos tempos"* (Mt 28,18-20).

Com estas palavras, Jesus instituiu a Igreja que devia estar a serviço do povo de Deus. Os legítimos sucessores de Pedro e dos demais apóstolos são o papa e os bispos.

Portanto, a Igreja Católica é a continuadora da missão de Jesus no mundo. Ela é sinal e sacramento de salvação para toda a humanidade.

A Igreja, enfim, é a comunidade daqueles que crêem na eficácia da mensagem de Jesus Cristo, Filho de Deus, o caminho que conduz o homem a seu destino e salva o mundo de sua ruína.

Ruína que não é somente sofrimento, para o qual há sempre um remédio!

Ruína que não é somente morte, para a qual há uma resposta!

Ruína que não é tampouco a solidão, para a qual há sempre uma presença!

Mas ruína que é, sobretudo, o *pecado*! Porque este destrói o homem por dentro e mostra o vazio, o nada, o efêmero diante de toda a realidade. O pecado é a guerra, o ódio, a injustiça. Pecadores são todos os filhos do egoísmo que sustentam e defendem as estruturas injustas de nossa sociedade. Pecadores são todos aqueles que usam os meios de comunicação para espalhar a mentira, a discriminação, a divisão, o materialismo, o comodismo, a desagregação familiar, o divórcio, o aborto etc... Pecadores são todos aqueles que marginalizam as crianças, que desviam os jovens, que exploram o próximo, que desrespeitam os direitos dos outros.

Pecar é destruir a comunhão e a participação que deveriam existir entre todas as pessoas. São Sebastião, fiel ao seu compromisso com Cristo, esforçou-se para defender a Igreja de todo e qualquer pecado. Em reconhecimento a todos os seus trabalhos e lutas em prol da Igreja, o papa Fabiano conferiu-lhe o título de "Defensor da Igreja", por ter arriscado sua vida em favor dos irmãos, instruindo-os e auxiliando-os nos momentos em que a fé era mais vacilante.

### Vamos refletir juntos

Hoje todos nós estamos convencidos da importância da participação dos leigos e leigas na vida das comunidades. Temos também consciência de que não existe a "Igreja do padre", mas a Igreja que somos todos nós, os batizados.

De fato, pelo batismo, ingressamos na Igreja e começamos a fazer parte daqueles que seguem Jesus Cristo. Porém, o batismo é ponto de partida para uma missão que deve ser vivida no dia-a-dia. Não podemos separar o Evangelho da nossa vida, porque é aí que o leigo se situa por vocação, na Igreja e no mundo. Membro da Igreja, fiel a Cristo, todos os leigos e leigas estão comprometidos na construção do Reino em sua dimensão temporal.

A Igreja está confiada aos homens e às mulheres, portanto, a nós que somos ao mesmo tempo povo santo e pecador. Devemos perder o medo de julgar que para ser Igreja devemos ser perfeitos. É justamente reconhecendo-nos pecadores que percebemos a necessidade de nos achegarmos mais à fonte da salvação: Jesus Cristo!

A Igreja é uma realidade divino-humana e pertence a nós cristãos a tarefa de fazer com que, em sua humanidade, ela seja cada vez mais transparente à sua santidade. E é exatamente no mundo que o leigo encontra seu campo específico de ação. Pelo testemunho de sua vida, por sua palavra oportuna e ação concreta, o leigo tem a responsabilidade de organizar as realidades temporais e colocá-las a serviço da construção do Reino de Deus.

O que a Igreja está exigindo de nós, hoje, é a ação concreta, é o testemunho de vida. Com efeito, a Igreja, em cada um de seus membros, é consagrada por Cristo no Espírito Santo. É enviada a pregar a Boa Nova aos pobres e a buscar e salvar o que se encontra perdido.

É bem verdade que a Igreja hoje passa por mudanças. É criticada e incompreendida, e em alguns países é perseguida, inexoravelmente, nas pessoas de seus ministros, líderes e leigos. Diante desta realidade, muitos cristãos ficam divididos e criticam. Mas a crítica negativa é a atitude mais cômoda dos não-comprometidos.

Contudo, a questão fundamental é esta: "O ser ou não ser cristão!" Assumir ou não a opção preferencial que Cristo e a Igreja fazem pelos pobres! Muitos cristãos não criticam mas simplesmente se omitem e, talvez, nessa hora, o nosso maior pecado seja a omissão!

"Tive fome e pedistes que esperasse... e nomeastes uma comissão... e viajastes para a lua... e me respondestes: Assim é a vida... me prometestes que isso passaria... me respondestes: sempre haverá pobres..."

Mas um dia perguntaremos: "Senhor, quando te vimos faminto?" E o Senhor responderá: "Na verdade, não vos conheço! Podeis ir embora! Sede vós mesmos o vosso próprio prêmio!" (cf. Mt 25,35-40).

## Perguntas para debater em grupos

1) Por que será que hoje tem muitos cristãos só de nome, de estatística, de Semana Santa e de procissões? O que podemos fazer para reverter este quadro?

2) Você está fazendo alguma coisa para o bem de todos? O que fez de concreto?

## Pedidos espontâneos

Conforme o Espírito Santo inspirar a cada um dos participantes.

## Rezemos juntos

*Presidente e assembléia*

OREMOS: Ó glorioso são Sebastião,/ que animado de grande zelo/ pela salvação da humanidade,/ empregastes/ toda diligência/ para atrair os pagãos/ à verdadeira religião/ e converter os pecadores,/ dai-nos, ó santo padroeiro,/ um pouco de vosso zelo/ para reconduzirmos/ ao rebanho de Cristo/ os que vivem no erro,/ no vício e na escravidão./ Por Cristo, nosso Senhor./ Amém.

## Pai-nosso e ave-maria

## Bênção e canto final

## Sétimo dia

# *"Aquele que perseverar... será salvo"*

À medida que aumentava a perseguição, os companheiros que Sebastião tinha instruído e convertido à fé cristã iam sendo descobertos, presos e mortos. A primeira foi Zoé, esposa do carcereiro. Foi surpreendida e presa quando rezava no túmulo dos apóstolos Pedro e Paulo. Recusando prestar culto aos deuses romanos, foi queimada e suas cinzas foram jogadas no rio Tibre, em Roma.

O sacerdote Tranquilino, por sua vez, foi apedrejado e seu corpo exposto ao ludíbrio popular. Ao resgatar os corpos dos mártires, vários amigos de Sebastião foram descobertos e presos. Entre eles se encontravam: Cláudio, Nicostrato, Castor, Vitoriano e Sinforiano. Durante dias, os inimigos da fé cristã pelejaram com eles para que renegassem a fé, mas nada conseguiram. Por fim, o imperador ordenou que fossem atirados ao mar.

A *perseverança* é a palavra-chave, reveladora do segredo e do sucesso dos cristãos. Eles redobravam suas orações e jejuns, pedindo a Deus que os fortalecesse no combate. Mantinham-se firmes na convicção de que é Deus quem dá a perseverança e a vitória.

Existiam também os traidores, como aconteceu com Cristo, e Torquanto era um deles. Fingia ainda ser cristão, mas traiçoeiramente foi denunciando um por um todos os seus colegas. Assim foram eliminados os que, pela graça de Deus, Sebastião convertera à fé cristã. Mas Sebastião ainda não fora denunciado. Ainda não chegara a sua hora!

A perseguição formava o pano de fundo para o questionamento dos cristãos. Era um desafio pelo qual a fé era provada. A Igreja compreende, desde o começo, que ela é uma comunidade de pessoas e não um aglomerado de edifícios e estruturas.

As organizações podem ser desfeitas e também podem ser confiscados os edifícios, porém não as pessoas que mantêm a comunidade. São elas que podem fazer renascer, a qualquer momento, as comunidades dispersas pelo ódio. São elas que anunciam o Evangelho, celebram a Eucaristia, a Páscoa do Senhor e realizam a vida comunitária que gera fraternidade.

*Causa-nos espanto a serenidade com que os cristãos enfrentavam os tormentos e a morte.*

*Mas causa-nos mais espanto ainda a não-violência perante tanta violência. Acatando ao pé da letra o que são Paulo escrevera: "Não te deixes vencer pelo mal, mas vence o mal pelo bem!"* (Rm 12,21).

## Entremos na narrativa

Diante desta atitude dos cristãos, a perseguição seguia em frente com seu programa de extermínio. O decreto de perseguição rezava, textualmente, no seu último parágrafo:

"Os magistrados que julgam as leis do Império aceitem todas as acusações que se façam contra os cristãos e nenhum apelo ou desculpa se admita na defesa dos réus!"

Como se vê, não havia absolutamente direito de defesa... Os cristãos eram acusados das coisas mais absurdas: de incendiar casas e cidades, de comer carne humana, de querer tomar o poder e outras coisas inacreditáveis...

Sebastião já não podia continuar ocultando sua fé, por ter se tornado luz que ilumina a todos. E um dia alguém o denunciou ao prefeito, por ser cristão. O imperador também foi cientificado e recebeu todas as informações. Deixar Sebastião em liberdade representava um grave "perigo" para a cidade inteira. Então, mandou que o chamassem para ouvir dele próprio a confirmação.

Acuado e acusado de todos os lados, preparou-se o soldado cristão para assumir sua missão. Ainda podia fugir, podia voltar atrás, mas não o fez: ficou firme em sua fé e assumiu o acontecimento iminente. Ele anunciou o Reino de Deus, denunciou a inutilidade dos ídolos da sociedade, suas injustiças e falsas ideologias, seus mitos e seus pecados. Tinha se comprometido e, por isso, agora devia pagar o devido preço.

O cristão, para ser tal, deve assemelhar-se a Jesus, o servo de Javé. Sua missão é testemunhar a Palavra de Deus que é verdade, direito, justiça, paz, fraternidade e amor. Este testemunho, porém, tem um preço, às vezes, muito alto: o cristão é marginalizado, rejeitado por todos até a morte.

Sebastião percebe, no entanto, que o silêncio de Deus é somente o intervalo entre duas palavras fundamentais: Morte e Ressurreição! Ele já está pronto para responder, com seu sangue, às perguntas dos inimigos do bem e da verdade.

Revestido da cintilante couraça e ostentando todas as insígnias merecidas, Sebastião se apresenta diante do imperador que o interroga. Diante dos presentes estupefatos, confessa sua fé e diz resolutamente ser cristão.

O imperador logo o acusa de traidor. Sebastião lembra que esta acusação é uma absurda mentira, pois até agora tem cumprido fielmente seu dever para com a Pátria e o imperador, protegendo-lhe a vida em muitas circunstâncias.

Aqui vemos que o cristão não é um revoltado contra a autoridade e o poder, como também não deve ser alienado, passivo, indiferente perante o pecado que corrompe e perante o abuso do poder.

O imperador estava imaginando uma forma original, diferente, de executar a sentença de morte que iria pronunciar contra o seu mais fiel oficial. Mandou chamar o comandante dos arqueiros de Numídia, homem originário de uma região desértica da África, onde a caça só era possível com as flechas, e o incumbiu de executar a sentença capital do oficial cristão.

O imperador ordenou que amarrassem o soldado cristão a uma árvore, num bosque dedicado ao deus Apolo, e que o crivassem de flechas, mas não atingissem seus órgãos vitais, para que morresse lentamente. Assim foi feito! Com a perda de sangue e a quantidade de feridas, Sebastião desmaiou; já era tarde! Julgando-o morto, os flecheiros retiraram-se.

Alguns cristãos que haviam preparado o necessário para o enterro foram buscar o corpo. Provavelmente subornaram os carrascos dando-lhes dinheiro para conseguir o corpo do mártir. Qual não foi a surpresa daqueles cristãos quando perceberam que Sebastião respirava ainda. Estava vivo... Levaram-no à casa da matrona Irene, esposa do mártir Caustulo e, com muito cuidado, foram curando-lhe as feridas.

## Vamos refletir juntos

*Concretizava-se assim, no mártir Sebastião, o que Jesus pregou: "Se o grão de trigo que cai na terra não morre, fica só. Mas, se morre, produz muito fruto"* (Jo 12,24).
A planta que deve nascer desta semente é o homem novo, que possui a verdadeira vida, transmitida por Cristo.

A morte, para o cristão, não é uma derrota, e sim uma vitória que se prolonga por toda a eternidade!

Pela sua condição de soldado e por seu amor e fidelidade aos compromissos sociais, são Sebastião é venerado e invocado como padroeiro dos militares.

## Introdução às preces

*Presidente da novena*

Roguemos, pela intercessão de são Sebastião, por nossas forças armadas, por nossos policiais, pelo corpo de bombeiros e por todos os que expõem a vida na defesa da comunidade, para que, imbuídos de espírito cristão, possam cumprir, a contento, sua missão social de manter a ordem e promover a paz.

## Pedidos espontâneos

Conforme o Espírito Santo inspirar a cada um dos participantes.

## Perguntas para debater em grupos

1) Se você for perseguido, você terá coragem de continuar sendo cristão? Conhece alguém que já passou por essa experiência? Qual foi o resultado?

2) Você acredita que unidos podemos melhorar este mundo? Como transformar o mundo para torná-lo mais justo, humano, fraterno e respirável?

## Rezemos juntos

OREMOS: Ó glorioso são Sebastião,/ que nas lutas espirituais/ buscastes sempre/ na Palavra de Deus e na Eucaristia/ a força e o ardor missionário,/ recolhendo verdadeiros frutos de santidade,/ despertai em nós/ o ardente desejo/ de recebermos,/ autenticamente,/ a Jesus na Eucaristia/ e de praticarmos sua Palavra,/ conformando a ela a nossa vida!/ Por Cristo, nosso Senhor./ Amém.

**Pai-nosso e ave-maria**

**Bênção e canto final**

## Oitavo dia

# *Martírio e missão*

Alguns dias se passaram, Sebastião já havia se recuperado dos ferimentos e estava disposto a ir até o fim. Não fora ele chamado "defensor da Igreja" pelo próprio papa? Se ele a tinha defendido antes, às ocultas, agora a defenderia publicamente, para que todos pudessem escutar a defesa da Igreja, ali reduzida ao silêncio.

Chegou o dia 20 de janeiro. Era o dia consagrado à divindade do imperador. Este saiu em grande cortejo de seu palácio e dirigiu-se ao templo do deus Hércules, onde seriam oferecidos os sacrifícios de costume. Sendo coroado pelos sacerdotes pagãos e pelos homens mais nobres do Império, concedeu uma audiência pública. Quem desejasse pedir alguma graça ou apresentar alguma queixa, poderia fazê-lo nesta ocasião, diante do soberano.

Sebastião, com toda a dignidade que sempre o distinguiu e cheio do Espírito Santo, apresentou-se diante do imperador e, destemidamente, reprovou-lhe o comportamento em relação à Igreja. Reprovou-lhe as injustiças, a falta de liberdade e a perseguição aos cristãos. O imperador ficou estarrecido ao reconhecer naquela pálida figura, a pessoa de seu antigo oficial, a quem julgava estar morto. Tomado de ódio, ordenou aos guardas que o executassem ali, em sua presença e na presença de todos. Ele mesmo queria ter a certeza de sua morte.

Imediatamente, os guardas investiram contra ele e o moeram de pancadas com cassetetes e com os cabos de ferro de suas lanças, até que Sebastião não deu mais sinal de vida. O imperador ordenou, então, que o cadáver do oficial traidor fosse jogado no esgoto da cidade e, assim, seria apagada, para sempre, a sua memória.

### Vamos refletir juntos

Acreditando que "o sangue dos mártires é semente que suscita novos cristãos", aí está mais uma semente plantada, que bem cedo vai brotar e frutificar. Como a Igreja se realiza e vive pelo sangue dos mártires, assim, ela assume, radicalmente, o seu testemunho de fé e de denúncia perante o homem, ferido e alienado de seus direitos fundamentais.

Mas muita gente não se conforma e acusa a Igreja de estar deixando sua missão "espiritual", de estar se metendo em política, de estar atuando num campo impróprio, querendo desta forma acorrentá-la em sua ação social e reduzi-la à sacristia.

Ainda existe muita gente com dificuldades de entender que a Igreja visa à salvação de todos os homens e do homem todo. Que Cristo veio trazer a vida e a vida em abundância. Que o homem é filho de Deus e quem o oprime e o maltrata peca contra Deus. A Igreja, enfim, é definitivamente contra todas as formas de pecado, de opressão, marginalização e exclusão social.

## Entremos na narrativa

*Sebastião tinha chegado ao fim de sua caminhada terrena. Era noite! Para ele começa um dia que nunca mais teria fim. No meio do sofrimento e das tribulações, ele acreditara nas palavras do Apocalipse: "Não tenhas medo. Eu sou o Primeiro e o Último, aquele que vive! Estive morto, mas agora estou vivo para todo o sempre. Eu tenho a chave da Morte e da Morada dos mortos!"* (Ap 1,17b-18).

Sebastião, como todo cristão, tinha esta firme convicção: se Cristo ressuscitou, todos nós ressuscitaremos com Ele, pois, pelo batismo, fomos incorporados ao seu corpo glorioso. A morte já não é o fim, não é o ponto final e definitivo. Ela foi superada, tornou-se apenas uma porta para a verdadeira vida!

*Morrendo na cruz, vítima do ódio e da maldade, Cristo descarregou tão grande amor sobre o mundo que fez são Paulo exclamar: Onde abundou o pecado, transbordaram o amor e a graça salvadora!* (cf. Rm 5,20b).

Neste caminhar, um mistério nos ultrapassa, a saber: participar da vida de Cristo significa despojar-se de si mesmo e aceitar cooperar com sua missão essencial de salvação, que passa pela cruz e pela morte. Assim como nenhum cabelo de nossa cabeça cai sem que Ele o permita, nenhum fato ou acontecimento escapa ao seu conhecimento.

Em meio às mais negras e trágicas situações, Cristo dirige a história para a concretização do Reino de Deus. Até mesmo aqueles que se esforçam para deter a marcha deste Reino, sem querer, estão contribuindo para sua edificação. Hoje, estariam os cristãos preparados para dar testemunho de Cristo, como o fez Sebastião?

A humanidade encontra-se, hoje, visivelmente, em busca de uma nova figura para o ser humano, de um novo modo de existência, de novas razões capazes de restituir o sentido da existência. Ao cristão cabe apresentar ao mundo a nova imagem de Jesus Cristo!

A Igreja evangelizadora faz um veemente apelo para que todos os católicos, a exemplo de são Sebastião, busquem nela o lugar de sua comunhão com Deus e os irmãos, a fim de se construir a "civilização do amor" e edificar o Reino da justiça e da paz.

Mas a missão de Sebastião não termina com sua morte: o cadáver de um mártir é sempre incômodo. É preciso destruí-lo, escondê-lo. Porque os tiranos pressentem que os profetas e os mártires são mais "perigosos" depois de mortos do que quando estão vivos.

É isso mesmo! Os mártires são os despertadores das consciências adormecidas. Diz um velho ditado: "Calar um mártir é fazer gritar a fé!" De fato, quem conhecia há algum tempo atrás dom Oscar Romero, padre Josimo e tantos outros cristãos autênticos? São mais conhecidos hoje do que quando eram vivos... Parece que estão mais vivos agora que estão mortos...

Durante a noite, um grupo de cristãos foi até o local onde o corpo de Sebastião tinha sido jogado. Os homens desceram à muralha que cercava o canal, pelo qual corria o esgoto da cidade. Como o rio Tibre estava na vazante, o corpo de Sebastião ficara preso a um ferro. Levado para a catacumba, ali foi enterrado com todas as honras e veneração dos cristãos, aos quais ele tanto servira e amara.

De fato, os cristãos respeitavam e veneravam muito os mártires e confessores da fé. Para isso, eram escritas orações nas quais apareciam seus nomes e, além disso, começavam a aparecer os martirológios e as atas dos mártires, verdadeiro ministério da interpretação... Existia o ministério da interpretação da vida dos mártires, para se evitar assim a desmoralização, as calúnias e as difamações. Por exemplo: Quiseram aparecer... Meteram-se na política... Foram imprudentes... Não é isto que acontece também hoje?

Este ministério da interpretação criou uma verdadeira mística do martírio como expressão de autenticidade evangélica. Assim, a memória de Sebastião chegou até nós e continuará através dos tempos.

Se quisermos imitar os primeiros cristãos, recriemos no mundo de hoje a mística do martírio como expressão de amor e verdadeiro testemunho de fé!

## Perguntas para debater em grupos

1) Como nós cristãos podemos hoje afirmar e negar Jesus publicamente? Que atitudes comprometem o nosso "ser cristão"? O que mais decepciona a humanidade?

2) O que podemos fazer juntos para evitar que continuem acontecendo ao nosso redor tanta fome, tantas guerras e tantas doenças?

## Introdução às preces

Peçamos ao Senhor, pela intercessão de são Sebastião, que nos dê um novo ardor missionário para anunciar e testemunhar o amor de Deus em todo lugar.

## Pedidos espontâneos

Conforme o Espírito Santo inspirar a cada um dos participantes.

## Rezemos juntos
*Presidente e assembléia*

OREMOS: Ó glorioso são Sebastião,/ que santificastes a vossa vida/ testemunhando vossa fé inabalável,/ enfrentando o tormento das flechas/ para provar o vosso amor/ e a vossa fidelidade a Jesus,/ dai-nos a graça/ de sermos fiéis/ a Cristo/ até o último instante de nossa vida,/ para merecermos o prêmio/ prometido/ a todos aqueles/ que até o fim perseveram na fé./ Por Cristo, nosso Senhor./ Amém.

## Pai-nosso e ave-maria

## Bênção e canto final

## Nono dia

# São Sebastião: modelo do povo cristão

A devoção a são Sebastião começou logo após sua morte, devido aos inúmeros prodígios que por sua intercessão se realizavam. A Igreja passou a celebrar sua festa no dia 20 de janeiro. Justamente no mesmo dia em que ele foi martirizado.

São Sebastião, por tudo aquilo que fez e enfrentou, é um santo muito popular. É invocado como protetor contra a peste, a fome, a guerra e todas as epidemias. Mas de onde vem esta devoção?

Entre os antigos, as flechas eram símbolos da peste, pelas feridas cancerosas que provocavam. Assim sendo, a piedade cristã, sabendo que em seu primeiro martírio Sebastião havia sido sufocado por uma saraivada de flechas, escolheu-o para ser protetor contra o flagelo da peste, epidemia arrasadora, especialmente nos tempos passados, mas que ainda hoje é bastante temível.

Mas foi no ano de 680, quando uma grande peste vitimara toda a Itália, que os fiéis recorreram a são Sebastião, fazendo voto de erigir uma Igreja a ele dedicada, se a peste cessasse. E a peste, realmente, cessou! Desde, então, são Sebastião passou a ser invocado contra a peste e suas irmãs: a fome e a guerra.

## Vamos refletir juntos

Atualmente, estamos vivendo num mundo onde a medicina faz progressos enormes no combate às doenças endêmicas, mas também estamos num mundo onde cerca de 30 milhões de pessoas morrem, a cada ano, em virtude de doenças provocadas pela desnutrição e 450 milhões passam fome.

Sob este quadro trágico, pintado pelo egoísmo humano, paira, constantemente, a ameaça de uma guerra fatal. Agora, neste exato momento, em alguma parte do nosso planeta, está havendo uma guerra, uma guerrilha, um conflito, um crime, um seqüestro, um assalto, corre sangue! Neste momento, em algum lugar, uma criança está morrendo nos braços de uma mãe, desnutrida, faminta, miserável, excluída, abandonada.

Diante desta situação tão dramática, não há quem não fique desanimado. As perguntas nascem espontaneamente: por que o sofrimento se trabalhamos para Deus?

Por que a perseguição e a morte de tantos cristãos se Cristo é vitorioso e reina vivo?

Para os seguidores de Jesus Cristo, todas estas perguntas já estão respondidas. São respostas que duram enquanto durar a Igreja. Com efeito, ser cristão comporta uma opção e uma adesão radical a Cristo, que tem conseqüências imediatas em todos os níveis da nossa vida: pessoal, familiar, comunitária e social, além da eclesial que é prioritária na perspectiva do cristão.

Ser cristão exige de nós uma tomada de posição que gera reações contrárias cada vez mais fortes, mesmo que não queiramos. O livro do Apocalipse de são João, embora de maneira simbólica, descreve a luta cristã no seio da história e dos tempos. De fato, apresenta-nos a vida cristã como uma contradição que se manifesta, historicamente, até sua plena realização, que é a vitória final de Cristo.

Mas quem são os perseguidores dos cristãos? Como eles atuam?

Perseguidores são, geralmente, os que têm o poder econômico nas mãos e que fazem concorrência com Deus no coração do homem. Perseguidores são os que têm o poder político ou militar e o usam para matar, explorar e oprimir. Para estes, a felicidade consiste apenas na realização material onde encontram resistência e lançam mão de sua força para exterminá-la. E, como os cristãos sempre se opõem a estas forças maléficas, serão sempre, inevitavelmente, perseguidos.

Então, como comportar-se perante a perseguição?

Os cristãos não aceitam nem podem aceitar a idolatria, o materialismo e a prostituição, que é a troca de Deus por outros valores e o rebaixamento do homem pelo homem. Os cristãos põem tudo às claras, anunciando o Reino de Deus e denunciando a maldade que impede a marcha deste Reino.

Então é necessário resistir com firmeza, paciência e constância. Sempre e em tudo dar testemunho. É este testemunho que despertará as consciências adormecidas e alienadas para enxergarem a verdade. É este testemunho que conduzirá à vitória final. E este testemunho de vida se dá somente na cruz.

Um ponto fundamental do cristianismo é este: quando o mundo desafia a fé, a fé vence-o pela cruz. Cruz de Cristo que é perder a vida, dar a vida pelo irmão, promover o homem de maneira integral...

Assim sendo, poderemos ver os acontecimentos de outra maneira. As forças do mal e da morte não têm mais a última palavra sobre o ser humano. Na Igreja, a presença de Cristo é ativa e atuante entre os cristãos que são chamados, continuamente, à conversão, à justiça e à fraternidade universal. Onde há homens e mulheres vivendo em comunhão fraterna, aí Cristo age e se faz visivelmente presente.

Mas para que isso aconteça é necessário dar testemunho, pela força e fidelidade ao Evangelho. Esta é a única arma do cristão! Se Cristo venceu o Império romano e o mundo pagão, vencerá também as forças do mal que ao longo dos séculos se levantam contra seu Reino. Pois as forças do anti-reino não terão vez.

### Entremos na narrativa

Assim como por meio de são Sebastião e de todos os outros cristãos que não se dobraram perante o paganismo e a perseguição, Cristo protegeu e sustentou a Igreja primitiva, também hoje, Ele se serve de nós cristãos para que a missão evangélica sempre seja testemunhada e levada à frente com coragem, perseverança e heroísmo.

> *Sebastião é santo porque cumpriu o seu papel de cristão, colocando acima de tudo a sua fé. Por ela viveu e por ela morreu! São Paulo escreve que o justo vive da fé; e Sebastião, sendo homem justo, não fez por menos* (cf. Rm 1,17).

Neste sentido, podemos e devemos ver em são Sebastião um exemplo de vida cristã. De fato, os santos são apresentados pela Igreja como modelos que devemos não apenas admirar, mas, principalmente, seguir seus passos atualizando nossa fé, e com eles caminharmos, vivendo suas virtudes e exemplos no mundo de hoje.

## Conclusões

Terminando esta novena, o que é que pode e deve ficar gravado nas nossas mentes e nos nossos corações? Vejamos o que podemos vivenciar em nossa comunidade. Vamos resumir a nossa prática do Evangelho em três aspectos bem significativos para a nossa vida:

1º – Um amor a toda prova ao nosso maior amigo de todas as horas: Jesus Cristo! Senhor do Mundo, da nossa vida e da nossa história.

2º – Um amor imenso e fraterno para com todas as irmãs e os irmãos, principalmente, os mais carentes, os pobres necessitados e excluídos de nossa sociedade.

3º – Uma fé viva e atuante que nos leve a trabalhar pelo Reino de Deus e, enfim, a evangelizar:

– com renovado ardor missionário,
– testemunhando Jesus Cristo,
– em comunhão fraterna,
– à luz da evangélica opção preferencial pelos pobres,
– para formar o povo de Deus,
– e participar da construção de uma sociedade justa e solidária,

– a serviço da vida e da esperança,
– nas diferentes culturas,
– a caminho do Reino definitivo.

Para que tudo isso se realize, invoquemos o nosso glorioso padroeiro, rezando juntos a LADAINHA DE SÃO SEBASTIÃO:

Senhor, tende piedade de nós!
Jesus Cristo, tende piedade de nós!
Senhor, tende piedade de nós!
Jesus Cristo, ouvi-nos!
Jesus Cristo, atendei-nos!
Deus Pai dos céus, tende piedade de nós!
Deus Filho, Redentor do mundo, tende piedade de nós!
Deus Espírito Santo, tende piedade de nós!
Santíssima Trindade, que sois um só Deus, tende piedade de nós!
São Sebastião, soldado romano, rogai por nós.
Soldado de Cristo, rogai por nós.
Modelo de soldado, rogai por nós.
Patrono dos militares, rogai por nós.
Defensor da fé, rogai por nós.
Defensor da Igreja, rogai por nós.
Defensor dos órfãos, rogai por nós.
Defensor contra a fome, rogai por nós.

Defensor contra as doenças contagiosas, rogai por nós.
Defensor contra a peste, rogai por nós.
Defensor contra as guerras, rogai por nós.
Defensor contra o mal, rogai por nós.
Modelo de fé, rogai por nós.
Vós que fostes torturado com a lança, rogai por nós.
Vós que fostes transpassado por flechas, rogai por nós.
Conforto dos encarcerados, rogai por nós.
Glorioso diante de Deus, rogai por nós.
Vós que merecestes a glória do martírio, rogai por nós.
Vós que fostes santo pela fé, rogai por nós.
Nosso amável padroeiro, rogai por nós.


P – Cordeiro de Deus, que tirais o pecado do mundo,

T – Perdoai-nos, Senhor.

P – Cordeiro de Deus, que tirais o pecado do mundo,

T – Ouvi-nos Senhor.

P – Cordeiro de Deus, que tirais o pecado do mundo,

T – Tende piedade de nós.

P – Rogai por nós, glorioso mártir são Sebastião.

T – Para que sejamos dignos das promessas de Cristo. Amém.

## Pergunta final

O que prometemos fazer juntos? Não seria possível continuar a nos reunir depois da Festa de são Sebastião ao menos uma vez por mês? Vamos planejar a nossa ação evangelizadora que dá continuidade a esta novena?

## Introdução às preces
*Presidente da novena*

Peçamos ao Espírito Santo, por intercessão de são Sebastião, ao final desta novena, que sejamos capazes de testemunhar nossa fé na vida profissional que exercemos, como o fez são Sebastião.

## Pedidos espontâneos

Conforme o Espírito Santo inspirar a cada um dos participantes.

## Rezemos juntos
*Presidente e assembléia*

OREMOS: Ó glorioso são Sebastião,/ que fostes glorificado por Deus/ com uma glória imensa no céu/ e com os grandes milagres/ que Ele operou/ pela vossa intercessão/ sobre a terra,/ damos graças ao Pai e vos pedimos,/ ó nosso intercessor, empregueis esse poder/ em nosso favor,/ até conseguirmos a vida eterna/ em vossa companhia no céu!/ Por Cristo, nosso Senhor./ Amém.

**Pai-nosso, ave-maria e despedida**

**Bênção e canto final**

# Sumário

Introdução ..................................................................... 5

PRIMEIRO DIA
São Sebastião: um batalhador da fé ........................ 7
   Vamos refletir juntos ............................................. 7
   Entremos na narrativa ........................................... 8
   De onde vêm os santos? O que é um santo para você? ............................................................................ 9
   Perguntas para debater em grupos ..................... 11
   Introdução às preces ............................................ 11
   Pedidos espontâneos ............................................ 11
   Rezemos juntos ..................................................... 12
   Pai-nosso e ave-maria .......................................... 12
   Bênção e canto final ............................................ 12

SEGUNDO DIA
A perseguição: ontem e hoje .................................. 13
   Vamos refletir juntos ........................................... 15
   Entremos na narrativa ......................................... 16
   Perguntas para debater em grupos ..................... 17
   Introdução às preces ............................................ 18
   Pedidos espontâneos ............................................ 18
   Rezemos juntos ..................................................... 18

Pai-nosso e ave-maria .......................................... 18
Bênção e canto final ............................................ 18

TERCEIRO DIA
Sebastião: testemunha de amor ........................ 19
   Vamos refletir juntos ........................................ 20
   Perguntas para debater em grupos .................... 21
   Entremos na narrativa ........................................ 21
   Introdução às preces .......................................... 24
   Pedidos espontâneos .......................................... 24
   Rezemos juntos .................................................. 24
   Pai-nosso e ave-maria ........................................ 24
   Bênção e canto final .......................................... 24

QUARTO DIA
Uma fé solidária .................................................. 25
   Vamos refletir juntos ........................................ 26
   Entremos na narrativa ........................................ 29
   Perguntas para debater em grupos .................... 30
   Introdução às preces .......................................... 30
   Pedidos espontâneos .......................................... 31
   Rezemos juntos .................................................. 31
   Pai-nosso e ave-maria ........................................ 31
   Bênção e canto final .......................................... 31

QUINTO DIA
Sebastião: soldado e irmão ................................ 33
   Entremos na narrativa ........................................ 35

Vamos refletir juntos ............................................. 37
Perguntas para debater em grupos ..................... 38
Introdução às preces ........................................... 38
Pedidos espontâneos ........................................... 38
Rezemos juntos ................................................... 39
Pai-nosso e ave-maria ......................................... 39
Bênção e canto final ........................................... 39

Sexto dia
Comunhão e participação ................................... 41
Entremos na narrativa ........................................ 42
Vamos refletir juntos ........................................... 44
Perguntas para debater em grupos ..................... 47
Pedidos espontâneos ........................................... 47
Rezemos juntos ................................................... 47
Pai-nosso e ave-maria ......................................... 48
Bênção e canto final ........................................... 48

Sétimo dia
"Aquele que perseverar... será salvo" .................. 49
Entremos na narrativa ........................................ 51
Vamos refletir juntos ........................................... 54
Introdução às preces ........................................... 54
Pedidos espontâneos ........................................... 55
Perguntas para debater em grupos ..................... 55
Rezemos juntos ................................................... 55
Pai-nosso e ave-maria ......................................... 56
Bênção e canto final ........................................... 56

OITAVO DIA
Martírio e missão ...................................................... 57
    Vamos refletir juntos ........................................... 58
    Entremos na narrativa ......................................... 59
    Perguntas para debater em grupos ..................... 62
    Introdução às preces ............................................ 62
    Pedidos espontâneos ........................................... 63
    Rezemos juntos .................................................... 63
    Pai-nosso e ave-maria .......................................... 63
    Bênção e canto final ............................................ 63

NONO DIA
São Sebastião: modelo do povo cristão .................... 65
    Vamos refletir juntos ........................................... 66
    Entremos na narrativa ......................................... 69
    Conclusões ........................................................... 70
    Pergunta final ...................................................... 73
    Introdução às preces ............................................ 73
    Pedidos espontâneos ........................................... 73
    Rezemos juntos .................................................... 73
    Pai-nosso e avc-maria e despedida ..................... 74
    Bênção e canto final ............................................ 74

Impresso na gráfica da
Pia Sociedade Filhas de São Paulo
Via Raposo Tavares, km 19,145
05577-300 - São Paulo, SP - Brasil - 2018